A starry night in payatas

パヤタスに降る星

ごみ山の子どもたちから届いたいのちの贈り物

文・山口千恵子　絵・葉 祥明

Text : Chieko Yamaguchi　Illustration : Shomei Yoh

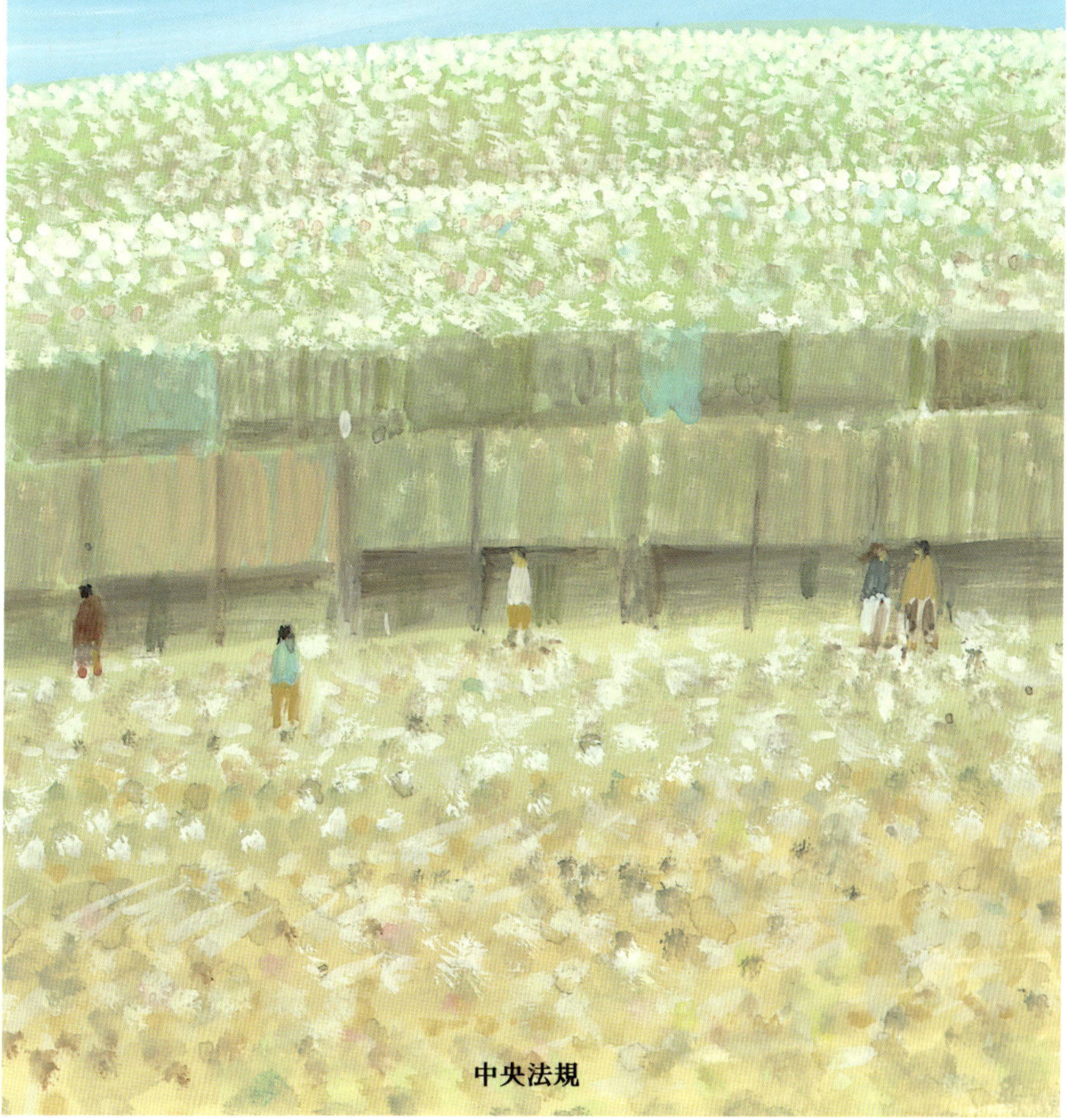

中央法規

パヤタスに降る星　もくじ

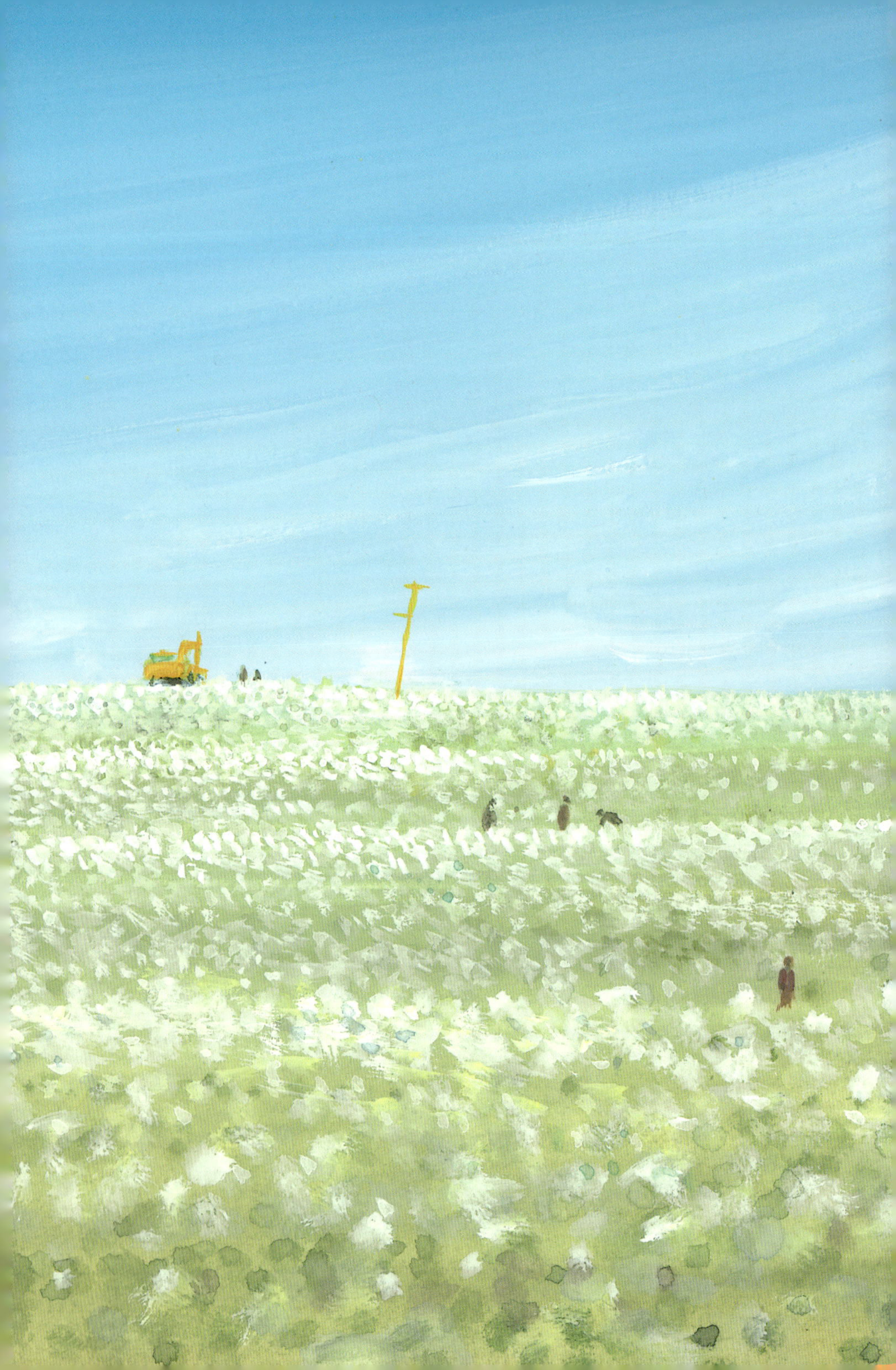

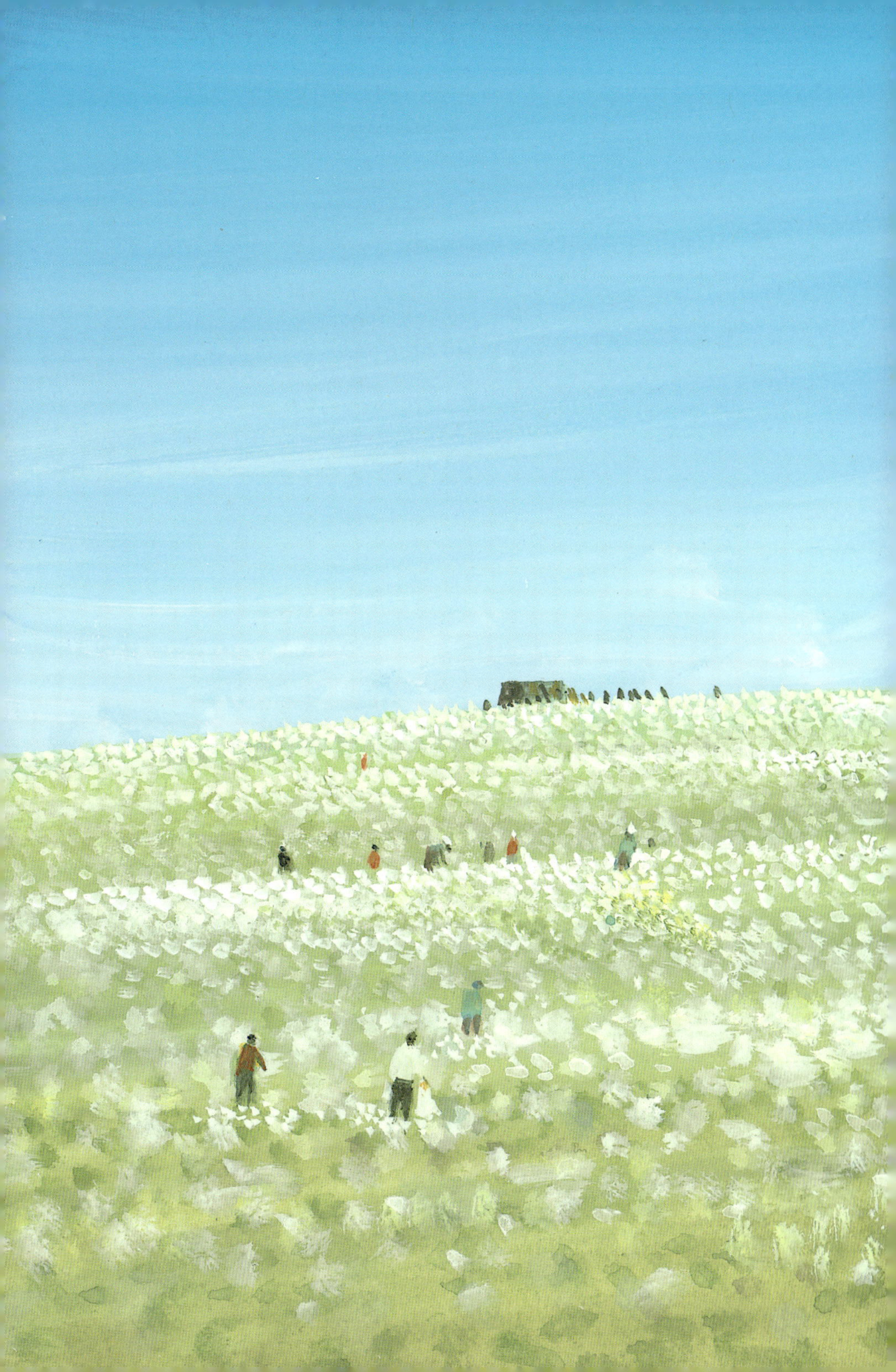

プロローグ　心の声

フィリピン、パヤタスのごみ山。見渡す限り一面のごみ。

マニラ首都圏のあらゆるごみが運び込まれ、医療廃棄物《いりょうはいきぶつ》、動物の死骸《しがい》までもが無分別に捨てられていた。おびただしいハエ。嗅《か》いだことのない悪臭。息をするたびに吐きそうになる。ごみを積んだトラックが行き交い、荷台から次々と落とされる新鮮なごみ。待ちかまえていたスカベンジャー（リサイクルできるごみを拾い、換金して生計を立てている人）たちがすぐさま群《むら》がり、金目《かねめ》の物を必死で探す。大人に混《ま》じって子どもたちまでもが真剣な面持《おもも》ちでごみをかき分けている……。

はじめてごみ山を訪れた日のことを私は今もはっきりと覚えています。仕方なく行ったのです。本当は行きたくなかった。ごみ山は汚いし臭いだろうし、何でわざわざそんな所に行かなきゃいけないの、と不満だらけでした。しかし、所属している法人がごみ山の子どもたちと日本の青年たちとの交流事業をはじめたこともあり、スタッフとして一度くらいは現場を見なきゃいけないだろう、というあきらめの気持ちがありました。また、当時公開されていたごみ山の人々を追ったドキュメンタリー映画の登場人物だった、水頭症《すいとうしょう》（脳に髄液《ずいえき》がたまり頭が肥大化《ひだいか》する病状）のアレックスのその後や置かれている環境をじかに見てみたい、という好奇心もありました。

いずれにしろ、積極的に行きたいとは思っておらず、まぁ我慢して一回行けば仕事的にも最低限の役目を果たしたことになるし、二度と行くことはないだろう。そんなふうに考えて現地に足を運んだのでした。

広大なごみ山ではさまざまな音が入り乱れていました。トラックが荷台からごみを落とす轟音《ごうおん》、けたたましいクラクションの音、大人たちの怒号《どごう》、悲鳴《ひめい》のような笛《ふえ》の音、時おり聞こえる子どもたちの喚声《かんせい》……。

私は目の前の光景に圧倒され、ただその場に立ちすくんでいました。手にはカメラを持っていましたが、一度もシャッターを押すことはできませんでした。

――なぜ、この人たちはここに生まれその人生を生きているのか。なぜ、私は日本に生まれこの人生を生きているのか。そこに生まれた意味というものがあるのだろうか。それぞれの人生にはいったいどんな役割があるというのか――。

騒音のただ中にいるのに、心は静まり返っていることを私ははっきりと意識していました。

その時、一人の少女の視線を感じました。少女は、時おり目をそらせながらも、そこに立ち尽くしている場違いな外国人が気になっているようでした。そしてその外国人が近づいて来る方向に、落ち着かない様子でチラチラと視線を送っています。やがて、彼女の前で足を止めた時、少女は真っ直ぐこちらを見つめ、キラキラした瞳《ひとみ》でこう聞いてきたのです。

「あなたは生きていますか？　本当の意味で、生きていますか？」

実際に彼女が声に出して聞いたわけではありません。しかし、私にははっきりとその声が聞こえてきたのです。なんだか面倒くさいことになりそうな気がして、私はその〈声〉を聞かなかったことにしました。

地上はごみと悪臭にまみれていたのに、空を見上げると真っ青なきれいな空が、どこまでも、どこまでも続いていました。

ごみ山を下りた後、ふもとの集落で暮らしている五歳になるアレックスを訪《たず》ねました。ごみ山周辺には、体に障害を持つ子どもの発生率が他の土地に比べて高いといわれていましたが、その因果《いんが》関係はわかっていませんでした。

アレックスも生まれた時は普通の赤ちゃんでしたが、成長とともに頭だけがどんどん大きくなっていったのです。両親がお金を工面《くめん》して、やっと病院に連れて行った時、医者は「この子は十歳までは生きられないだろう」と宣告しました。両親は大きなショックを受けましたが、アレックスがいのちをまっとうするまで大切に育てていこう、と決心しました。

アレックスはひと間だけの小さな家に家族五人で暮らしていました。他のメンバーと共に家の中に入れてもらうと、アレックスは床に寝そべったままでした。彼の細い首は大きくなった頭を支えきれずにいたからです。

アレックスははじめ、自分を取り囲むたくさんの瞳に緊張《きんちょう》している様子でしたが、しばらくすると足を器用に使って弧《こ》を描くようにグルグル廻《まわ》り、遠来《えんらい》の客を一人ずつ観察しはじめました。やがて、彼の澄《す》んだ瞳が私の姿を捕《とら》え、視線が合った時、またしてもあの声を聞いたのです。

「あなたは生きていますか？　本当の意味で、生きていますか？」

その日のすべてのプログラムが終わりホテルの部屋に戻ると、私はすぐに熱いシャワーを浴びました。自分の着ている物から、体から、髪の毛から、一刻も早くごみ山の臭いを消したかった。一日中まとわりついているその臭いを洗い流せば、あの不快な〈声〉も消えてなくなるような気がしたのです。

しかし、あの〈声〉はいっそう鮮明になって私に迫って来るのです。逃れようとすればするほど、追いかけてくる。石鹸《せっけん》で何度も何度も体を洗いながら、私は泣きました。涙が止めどなくあふれてくるのです。

私は知っていました。自分が生きていないことを。

「私は生きてない。ぜんぜん生きていない。これまでも、今も、ちゃんと生きてなどいなかった……」

　その事実を突き付けられ、打ちのめされていたのです。私はいつも自分のためにしか生きていなかった。お金も、時間も、想いも、すべて自分だけのものだった。誰かのために自分を使ってこそ本当に生きることになるのだと、頭のどこかでわかっていた。しかし、私は生きようとしていなかったのです。

　生きたい！　自分のいのちをちゃんと生き切りたい！

　涙は後から後から溢《あふ》れ出てくるのでした。


　はじめてごみ山に立ってから三週間後、私は休暇を取り一人で再びフィリピンを訪れました。ごみ山で会った、あの少女（ジョーイ）、そしてアレックスにもう一度会うためでした。二人に会って自分の心の内を確かめたかったのです。

　アレックスには再会できましたが、広大なごみ山でジョーイを見つけることはできませんでした。それでも、アレックスやごみ山の子どもたちの置かれている環境を改めて目の当たりにし、そこで懸命に自分の〈いのち〉を輝かせようとするたくさんの子どもたちを知り、この先の人生をこの子たちと関わっていこう、と決心したのです。

この日、私はこれまでの人生の流れが大きく変わっていくのを感じていました。

あの時から十数年、支えてあげたい、と願ったごみ山の子どもたちに、私の方がどれほど強く支えられ、どれだけより多くを与えられてきたことでしょう。

今でもあの〈声〉は、何かの折りに聞こえてきます。しかしもう、私は知っています。その〈声〉は外から聞こえてきたのではない。はじめからずっと私の内から聞こえていた、私自身の〈心の声〉であったことを……。

あなたは生きていますか？

本当の意味で、生きていますか？

アンナの一生

その女の子は生まれて間もなく乳児院《にゅうじいん》の門前に捨《す》てられました。生後数日しか経っていない水頭症《すいとうしょう》という障害をもった赤ちゃんでした。貧しい家庭では、食べていくのがやっとの生活ですから、障害を持った子どもが生まれてくると育てていくのが困難です。そのため乳児院に面倒をみてもらおうと、門前に置き去りにしていくケースが少なくありません。

その子は施設でアンナという名前を付けてもらい、拾われた日が誕生日になりました。

生まれてからずっと車イスの生活。目は弱視《じゃくし》（視力が低下していること）。施設の外に出られるのは年に一度のピクニックの日だけ。そんなアンナは乳児院でスクスクと元気に育ち、施設に誰かが訪ねてくるのが大好きな明るい子になりました。

その少年がはじめてアンナに会った時、彼女は十六歳になっていました。アンナは車イスの車輪を回しながら満面の笑みで初対面の少年に近づいていきたのです。

「こんにちは。私はアンナよ。あなたは？」

お互いの自己紹介がすむと、彼女はこう聞いてきたのでした。

「ねぇ、ねぇ、あなた今しあわせ？」

不意の質問に、少年が戸惑っているとアンナはこう言いました。

「私はしあわせよ。だって今日、あなたが訪ねて来てくれたから！」

少年は面食らいました。たった今会ったばかりの、何も知らない自分との出会いがしあわせだと満面の笑みで言うのですから。


乳児院のスタッフによると、アンナはこの施設でいちばんのムードメーカー。誰にでも話しかけ、すぐに友だちになり、その日あったささやかな出来事に喜びとしあわせを見出だす名人なのだと。そういうことを誰かに教えられたわけではなく、いつの間にかそんな子になっていたというのです。

水頭症、車イス、弱視、親に捨てられたこと……。アンナは自分のことをちっともネガティブにとらえていませんでした。自分と誰《だれ》かを比べることも一切ありません。持っていないものではなく、今持っているものを数えて、それに感謝ができる子でした。

「みんなと一緒に大好きな歌がうたえてしあわせ！」

「今日、友だちが一人増えたの。なんてラッキーなの！」

アンナは施設を訪ねてくる誰をも大好きになり、誰からも愛されました。


そんなアンナでしたが、水頭症が原因であっけなく天国に旅立っていきました。短い一生でしたが、彼女の人生はかわいそうなものだったのでしょうか……。少年にはどうしてもそうは思えませんでした。明るく、前向きで、日々「私ってしあわせ！」と、なんでもない日常に感謝し、いつも笑顔だったアンナ。そんな子がかわいそうな人だったはずがありません。少年や多くの人にとって、アンナはいつも笑っている、とびきりしあわせな女の子だったのです。

あなたは今、しあわせですか？

いつの日かいのちを終えた時、どのような人として記憶されたいですか？

バイバイ、スターシティ

今日はごみ山の子どもたちの遠足の日。朝から晩まで思いっきり遊ぶ日です。ふだん厳しい生活をしている子どもたちにとっては、年に一度の夢のような日ですから、どの子もテンションはマックスです。

生まれてはじめてバスに乗る子どもたちは、はじめは大喜びですが、慣れない乗り物に具合が悪くなる子が続出。それでも最初の目的地である動物園に着くと、とたんに目を輝かせ、はじめて見る動物たちに歓声《かんせい》をあげたり、拍手したり、なかには大きな象を見て泣き出す子もいます。園内にはすべり台やシーソーもあり、日本ではどうということもない遊具《ゆうぐ》ですが、子どもたちは何度も繰り返しすべったり乗ったり、順番待ちの長い列を作ったりするのです。

この日のために用意されたおそろいのTシャツを着て、歓声をあげながら駆《か》け回っている子どもたちを見ると、それだけで胸にこみ上げてくるものがあります。一年に一日だけですが、子どもにはこんな日が必要なのだと強く思います。と同時に、今日ここに来ることのできなかった子らの顔が脳裏《のうり》をよぎり、やるせない気持ちになるのも事実です。無料の招待であっても、遊ぶことをあきらめて親の手伝いを優先する子もいるのです。

午前中は動物園で過ごし、そのまま園内でランチタイム。みんなでフィリピンでとても人気のある「ジョリビー」というファーストフード店のお弁当をいただきます。白米とフライドチキン一個にグレイビーソースが付いただけの質素《しっそ》なお弁当ですが、子どもたちはジョリビーが大好き。好物のチキンが入っているだけで大喜びです。しかしそのチキンを全部食べる子は数えるくらいです。多くの子が少しだけ食べて、家で待っている家族のために持って帰るのです。なかには、ごはんにソースだけかけて食べ、チキンはそっと紙に包んでカバンにしまう子もいます。

ランチの後は遠足のメインイベント、「スターシティ遊園地」です。日本の遊園地と比べると、スケールははるかに小さいのですが、子どもたちにとっては夢のような別世界。ボランティアの青年たちの手を奪《うば》い合って、これに乗ろう、次はあれ、と大はしゃぎです。

園内で何度もすれ違う九歳のロビーもハイテンションでした。やんちゃなロビーが、ちょっとクタビレ気味の青年に、弟のように甘えてまとわりついています。

そのロビーが、帰る時間も押しせまった頃、先生方が立ち話しをしている輪の中に、息を切らせて入ってきました。ロビーはいきなり言いました。

「先生、もしぼくが来年も遠足に来れるんなら、ぼくの代わりに妹を連れてきてもらえますか？」

はしゃぎながらも、ロビーの頭の中には家の手伝いをしながら自分の帰りを待っている妹のことがあったのです。しかし、来年この遠足を続けられるかはわからないので、口約束はできません。

「妹に動物やスターシティを見せたいんだよ。だから、もしもぼくが来年も来れる

OPEN
STARC

ことになったら、代わりに妹を行かせたいんだ。じゃあ、ぼくまだ乗りたい物があるから！」

言うだけ言って、ロビーはにぎやかな群れの中に戻って行きました。

夕方六時は子どもたちとのお別れの時間。ボランティアの青年たちは、先に出発する子どもたちのバスを見送ります。どちらも別れがつらく、何度も抱き合っては別れを惜《お》しんでいます。

少し離れてその光景を見守っていると、一台のバスの窓際《まどぎわ》でロビーがうつむいている姿が見えました。窓を叩《たた》いて合図すると、となりに座っていた現地スタッフが窓を開けて言いました。「ロビーったら、来年は妹がここに来るけど、ぼくは来れないから妹の喜ぶ顔が見れないんだよって、急に泣き出したの。なんだかよくわからないけど、かわいくってたまらない」と笑うスタッフ。そして、涙をぬぐっているロビーに向かって「ほら、さよならを言わなきゃ」、とうながしました。

ロビーは涙にぬれた顔を上げましたが、その視線は私を通り越《こ》し、背後の建物をせつなげに見つめて叫《さけ》んだのでした。

「バイバイ、スターシティ、大好きだよ！」

子どもの頃、あなたは自分の楽しみを誰かにゆずったことがありますか？

それとも、ゆずられてばかりだったのでしょうか？

ビニールいっぱいの愛

ごみ山のふもとの小さな学校「パガラップ〈日本語で〈夢〉という意味〉」には、日本のような給食というシステムはありませんが、貧しい子どもたちのために毎日簡単《かんたん》なおやつを用意しています。そして一週間に一回は、いつもよりちょっとだけ豪華《ごうか》なおやつの日があります。豪華といっても、マカロニ入りの具だくさんの野菜スープとか、とり肉が入った塩味のおじやなどです。その特別な日がいつになるかはわかりません。子どもたちがおやつ目当てでもいいから、毎日休まず学校に来てほしいと願う、先生たちのアイディアなのです。

学校に来た時点で、すでにお腹を空かせた子どももいますから、一時間くらい勉強をしたら、お待ちかねのおやつの時間です。できたての熱いスープやおじやを小さな口をすぼめてフーフーしながら食べている様子は、何度見ても可愛《かわい》らしく、ずっと眺《なが》めていたくなるほどです。お腹を満たしてから子どもたちはさらに数時間勉強をします。

ある日のこと、マークという六歳の男の子がひと口ふた口食べたかと思うと、かばんの中からビニール袋を取り出し、慣れた手つきでうつわのスープをその中に流し入れました。そして片手でビニールの口を握りしめ、教室を出て行こうとしています。家にいる親や兄弟たちと一緒に食べようということなのでしょう。特別なおやつの日は、時々見かけられる光景《こうけい》です。特にマークはかなり頻繁《ひんぱん》にそうしているようです。家はすぐ近所なので、先生たちも「転ばないようにね」といつものように送り出しました。

それからほんの二、三分後、マークは泣きながら学校に戻ってきたのです。手にはさっきのビニール袋を持っていましたが、中身は空っぽ。学校を出たとたん、兄弟たちの喜ぶ顔を想像して駆《か》け出してしまったのでしょうか。転んで、ビニール袋を落としてしまったのです。ひざをすりむいた痛さよりも、ぺちゃんこになってしまったビニール袋が悲しくてしゃくり上げています。

「大丈夫よマーク、お代わりをあげましょう」と先生が声を掛《か》けましたが、鍋《なべ》の中はすでに空っぽでした。かわいそうですが、あきらめてもらうよりほかありません。

すると、いつもマークのとなりに座っている男の子が、小声で「マーク、マーク」と手招きしました。マークはしゃくり上げながらも彼のそばに行きました。その子は、「ビニールを広げて」と、大人みたいなジェスチャーをして、自分のうつわのスープを二、三回すくってマークのビニール袋に分け入れてくれたのです。するとそれを見ていたとなりの子が、ぼくもシェアする、と言ってスプーンですくって待ってくれています。その後、他の子どもたちも、ぼくも私もと次々に手をあげ、マークのビニール袋はあっという間にいっぱいになりました。さっき教室を出た時よりも量が増えています。泣きべそをかいていたマークは、「ビニールからこぼれそうだよ」とうれしそうに赤い鼻をすすっています。

もう一度お家に向かおうとするマークに、子どもたちの中から先生が言うような口調で「走らないで、ゆっくり歩きなさい」「今度落としたらホントにもうないんだからね」と声がかかったので、ドッと笑い声がひびきました。その声を受けて、マークがビニール袋をうやうやしく目の高さにあげて、スローモーションのように歩くしぐさをしたので、笑い声はいっそう大きくなって教室中にひびいたのでした。

最近、誰かにシェアした物はありますか?
その行為で、あなたの大切な何かは減ってしまったのでしょうか?

神さまからのギフト

リセール先生は、「パガラップ」の設立当初からの先生です。じっとしていられない、パワフルな子どもたちがふざけていても、大きな声ではしゃいでいても、子どもの目を見て静かに諭《さと》すような先生です。同僚《どうりょう》の先生方や保護者からの信頼も厚く、リセール先生が感情的になって怒っている姿を見たことがない、と口をそろえます。微笑《ほほえ》みをたやさない、おだやかな人というのが多くの人のリセール先生像です。

しかし私はたった一度だけ、怒りにふるえたリセール先生を見たことがあります。パヤタスを訪れるようになった初期の頃でした。子どもたちがどんな所から学校に通ってくるのか、その生活環境を見ておきたいとお願いしたところ、案内をかって出たのがリセール先生でした。

小雨がぱらつく中、リセール先生と私は一本のかさで歩き回っていました。学校から五分くらいの場所に、以前ごみ山の中に住んでいた人々が、フィリピン政府の強制撤去《てっきょ》によって移り住んだ一画がありました。政府が代替《だいが》えとして建てた集合住宅です。ごみ山があるパヤタスはスカベンジャーの街で、子どもたちの親の多くはスカベンジャーであったり、ジャンクショップ（廃品回収所）で働いていました。その生活環境は、すさまじいものでした。Tシャツのデザインだと思っていた模様《もよう》が、おびただしいハエであったり、動物の死骸《しがい》が放置《ほうち》されていたりと、人間がこんな不衛生な中で生きていられるのか、と思うほど劣悪《れつあく》でした。そして、子どもたちは常にお腹を空かせている状態でした。

入りくんだ細い通りを突き進んで行くと、少し先の軒下《のきした》に女の子と中年の女性が座り込んでいました。リセール先生にはそれが誰《だれ》だかすぐにわかったようでした。

「メルバ、おかあさん、雨にぬれてどうしたの？」

奥の家からは男のどなり声が聞こえていました。

「夫がまた酔《よ》っぱらって……」と母親は声のする方に目をやりました。片頬《かたほほ》を押さえながら泣いているメルバに「お父さんは、あなたをぶったの？」とリセール先生が聞くと母親が代わりに答えました。

「この子が食べ物をほしがったら、いきなりなぐったんです」

その言葉を聞くやいなや、リセール先生の顔はみるみる真っ赤になり、あっという間にメルバの家のドアを開けて、現地の言葉（タガログ語）でまくし立てたのでした。普段のリセール先生からは想像もできない、怒りにみちた大声に私は唖然《あぜん》と立ちすくんでしまいました。酔った父親としばらくは怒号《どごう》の応酬《おうしゅう》でした。

赤い顔のまま戻ってきたリセール先生は、メルバと母親に向かって「うちにおいしいパンがあるわよ。今日は泊《と》まりにいらっしゃい」と誘いました。リセール先生の家にも子どもが四人いて、生活は決して楽ではないはずです。

「私はここにいる、でもこの子をお願いします」と言う母親に無理矢理かさを渡し、私たちはメルバの手を引いて三人で学校に戻りました。

その道すがらリセール先生は、六歳のメルバには知的障害があり、そのことで父親はメルバを嫌《きら》っているのだと話しました。そして、スカベンジャーの父親はこの頃はごみ山にも行かず、賭《か》け事《ごと》をしては朝から飲んだくれているのだと。

「貧しい人々は清らかな人々、と思いたいのかもしれないけど、なまけ者もいれば、意地悪も悪人もいます。極端《きょくたん》な貧しさは精神的にもダメージを与えるし……」

私は、自分の薄っぺらい正義感のようなものをみすかされたような気がして、ひどく居心地が悪かったのを今も忘れられずにいます。

リセール先生は続けて言いました。「今はもういないけど、私にも障害を持った妹がいたの。家族は大変なこともあったけど、でも妹は、あの子は神さまからのギフトだったのかも知れない」

翌日、リセール先生のとなりにちょこんと座っているメルバを想像しながら学校に行くと、彼女の姿はもうありませんでした。朝早く母親が迎《むか》えに来て、連れて帰ったというのです。

「あの子、昨日の晩からお父さん、お母さんって、ずっと探していたのよ。お母さんだけならわかるんだけど……。あの子も、ギフトなのね」

リセール先生の顔から、昨日の怒りの表情はすっかり消えていて、少し困ったようないつもの穏やかな顔に戻っていました。

あなたは怒りにふるえた日がありましたか？

それはいったい、だれのための怒りだったのでしょうか？

最高のおもてなし

十一歳のＡＪ（エージェイ）は、ホームステイを受け入れているホストファミリーがうらやましくて仕方ありませんでした。毎年八月の終わりになると、日本からたくさんの青年たちがＡＪの住んでいるパヤタスにやってきます。彼らは一週間フィリピンに滞在し、そのうち一泊をパヤタスの子どもたちの家にホームステイします。そしてその翌日が、子どもたちが指折り数えて待っている動物園とスターシティに行く遠足の日です。一年に一回のこの夢のような一大イベントの日を多くの子どもたちが毎年心待ちにしていました。

しかし、ＡＪにとっては遠足よりもむしろホストファミリーになることが〈夢〉でした。日本のお兄さん、お姉さんがわが家に泊まりに来てくれる。まずは一緒に外で遊んで、歌をうたって、ごはんを食べて、おしゃべりしながら寝る……。あぁ、なんて楽しそうなんだ！

しかし、そんなことはかなわぬ夢であることもＡＪにはよくわかっていました。この貧しい地域でもひときわ貧しいのが、自分の家だったからです。ＡＪの家はシングルマザーの母ローズと、一つ年下の妹シャンディの三人家族。ジャンクショップの片隅の、三畳ほどの掘っ立て小屋に住んでいました。スカベンジャーの母を手伝うために学校に行けない日もあったのです。そんな自分がホストファミリーになんかなれるわけがないのだ、とＡＪはとうにあきらめていました。


遠足の日が近づいてきたある日のことでした。

「今年ホストファミリーになってくれる人はいますか？」

「パガラップ」のマニリン先生の呼び掛けに、子どもたちは我れ先にと競って手をあげました。その中に、遠慮がちに手をあげるＡＪの姿があるではありませんか。

あぁ、こんな日が来たんだなぁ、とマニリン先生も胸が熱くなりました。さっそく

ＡＪと他の数名にその年のホストファミリーをお願いしました。

そしてその日がやってきました。ホストファミリーとステイする青年らをそれぞれの家庭に見送ろうとしたまさにその時でした。「お話しがあります」とＡＪが神妙な面持《おもも》ちでマニリン先生の側にやってきたのです。彼が連れて帰る二人の青年は、少し離《はな》れた場所で他の子どもたちに囲まれていました。

「どうしたの？」とうながすと、ＡＪは決心したように口を開きました。

「ぼくは、お兄ちゃんたちにどうしてもぼくん家に泊まってほしくて、つい手をあげちゃったんだ。でも、来てくれても、ぼくの家には食べる物がなにもありません。昨日もあまり食べてないし……。ごめんなさい」

ＡＪが遠慮がちに手をあげた時、なぜ気づいてあげられなかったのでしょう。ごめんなさいを言うのは私の方だわ。マニリン先生は、最近のＡＪの家庭の様子をたずねることもせず、単純に喜んでしまった自分を責めました。

「大丈夫よ、お兄ちゃんたちはお米や缶詰《かんづめ》のお土産を持ってくることになっているから、みんなでそれを食べればいいんじゃない。お母さんは、ホストファミリーになったことを知っているでしょう？」

「知ってはいるけど……」

「それなら大丈夫。お母さんに話して、そのお土産をさっそく料理してもらえばいいわ！」

マニリン先生はＡＪ家にホームステイする二人の青年に事情を話して、お土産の食料をすぐ母親に渡すようお願いしました。

二人の青年の手を取り、家に向かうＡＪの背中がいつもよりも一層小さく、か細く見えました。

翌日、ＡＪの家から戻った青年たちはマニリン先生にこんな報告をしていました。

「ＡＪのお母さんは、ごちそうを用意してぼくらを待っていてくれたんです！　こっちも驚いたけど、ＡＪはもっとびっくりしていました。夕ごはんの時、ＡＪも妹のシャンディも久しぶりのごはんだったのか、ものすごい勢いで食べてて、ごはんから顔をあげると呆気《あっけ》に取られているぼくらを見てニッコリ笑うんですよ。顔を上げてはニッコリ、食べてはニッコリで、その繰り返しがせつないほどかわいくって……」

ＡＪがずっとホストファミリーになりたがっていることを知っていた母親は、家族で精一杯《せいいっぱい》もてなそうと、知り合いに借金をして手作りのごちそうを用意してくれていたのでした。

そして二人の青年は、こんなことも付け加えました。

「これまでの人生でいちばんおいしくて、いちばん豊かな食事でした！」

あなたは最近、だれかを家に招きましたか？

その時、どんなふうにもてなしてあげたのでしょうか？

街中《まちなか》のマリア

「パヤタスまで行って、またここに戻って来れますか?」

止めたタクシーの窓ごしに聞くと、その女性ドライバーは大量の荷物を一瞥《いちべつ》してからうなずきました。しかし、走りはじめてしばらくすると「やっぱりそこには行けない」、と近くのショッピングモールで車を停《と》め、頼んでもいないのに客待ちの他のタクシーに話をつけたのです。それからこちらの荷物をさっさと二番手のタクシーに移しかえ、携帯電話の番号を書いたメモをよこして「このドライバーがノーグッドだったら電話して」と、聞こえよがしに言い放ち、ドアを勢いよく閉めたのでした。なんて勝手な……とあきれたものの、その手際《てぎわ》の良さは心地良いほどでした。

それから三カ月以上も経ってから電話したのは、女性のドライバーを確保しておきたいと思ったのと、あの手際の良さがずっと頭にあったからでした。それ以来、コニーとの付き合いは八年になります。

パヤタスの学校がある辺りではタクシーはほとんど通りません。帰りが遅くなりそうな時は、少しお金がかかっても一日タクシーを借り上げたほうが安心だし安全です。マニラの交通渋滞は年々ひどくなっており、タクシーの運転は荒く、何度もヒヤリとしたことがありました。しかし、コニーの運転はとてもおだやかで、他のドライバーのようにやたらクラクションを鳴らすことも、話しかけてくることもなく、ラジオから流れる音もひかえめで、すべてが私好みでした。

ただ、その日のコニーは違いました。給料日後の週末なのと、何かの交通規制がしかれていたこともあり、激しい渋滞に幾度《いくど》も舌打ちをしていました。何度目かの舌打ちで、バックミラー越しにとがめる視線を送った私と目が会った時、「この通りは好きじゃなくて……」と、いきなり話し始めたのでした。

この通りには物乞《ものご》いの子どもたちが今よりもいっぱいいたの。どこかの国の高官やらが来るたびに一掃《いっそう》されるから、今はうんと少なくなったけど。

あの頃、私はホテルの雇《やと》われ運転手をしていて、この通りをよく走っていたわ。ある時、とてもきれいな顔をした少女が窓を叩いたの。彼女ははだかの弟の手を引いていた。小銭を催促《さいそく》されたけど、私は客にもらったサンドイッチを渡したの。そしたら翌日、彼女はまた窓を叩いたの。その時はゲストを乗せていたから知らんぷりしたわ。

数日後にまた会った時に小銭を渡したら、私の胸の名札を指差したの。文字が読めなかったのね。「コニーよ、コニー」。そう言うと「ありがとう、アテ・コニー（コニー姉さん）」と笑って自分はマリアだと名乗ったわ。

それ以来、私の車を見つけては駆けてくるようになってね。私も何となく気になって、ゲストを乗せている時はあげられなかったけど、何か食べ物とか、渡せる物を用意するようになっていたの。

あの日、いつものようにマリアが私の方に向かってきたの。そしたらすぐに、大きなクラクションとブレーキの音が同時に鳴って、黒い塊《かたまり》が宙《ちゅう》を飛んでいるのが見えた。後ろを追い駆けてきた弟だったの。マリアは一瞬止まって、すぐその方向に駆けて行った。その時、振り返ってこっちを見たの。あの、マリアの引きつった顔が、おびえた瞳《ひとみ》が、私を見つめたの。一緒に来て……、と呼んだのかも知れない。私は車を降りようとしたんだけど、怖くて動けなくなって……。クラクションに急《せ》かされたし、そのまま走り去ってしまった。

あの弟がどうなったのかもわからないし、

知りたくもなかった。

もうその通りは走りたくなかったんだけど、仕事だから通らないわけにもいかなくて。でも、マリアにはもう会わなかった。いつもの時間にも見かけなくなったの。車から降りもせず、声を掛けることもしなかった私を、あの子きっと恨《うら》んでいるだろうし、会わなくなってホッとしているところもあったの。

そしたらね、半年以上も経《た》ってから見かけたの。反対側の歩道にマリアがいたのよ。こっちを無視するか、にらみつけるかするんだろうなって、私も覚悟《かくご》を決めて見つめた。そしたら、あの子気づいたの。私を見つけてどうしたと思う？

「アテ・コニー、アテ・コニー！」って大きく手を振ったのよ。この通り、あの時よりも渋滞が激しくなってるし、車はちっとも動かないし。その間、向こう側からジャンプしながらずっと手を振っていた。私は振り返すことも笑い返すこともできなかった。何かするとあの子がまたこっちに駆けて来そうで。ただ、こう思っていたの。

私が、私を許すよりも先に、あの子は私を許したんだって。

コニーの話が全部本当のことなのかどうかはわからなかった。もしかしたら少し大げさなところがあるのかも知れない。しかし、そんなことはどうでもよかった。コニーが見つめる視線の先に、クラクションや排気ガスにまみれたたくさんのマリアたちがいることは本当だった。生きることをたやすくあきらめない、小さなマリアたちが。

あなたはそのままの自分を抱きしめたことはありますか？
まだ許していない自分が心の中にいるのでしょうか？

はじめてのサンタクロース

フィリピンは国民のおよそ八割がカトリック教徒。ですから一年で最大のイベントがクリスマスです。九月から早くもカウントダウンがはじまり、十一月ともなると街中がクリスマスムード一色。そこらじゅうからクリスマスソングが流れ、通りのイルミネーションはきらびやかな光を放《はな》ち、豊かな家も貧しい家もクリスマスの準備に浮き足立っています。

クリスマスまであと一カ月と迫ったある日のこと。「パガラップ」では、新米のマリー先生が子どもたちと手作りのクリスマスツリーを囲んでいました。先輩の先生によると、子どもたちはクリスマスの足音が近づけば近づくほど、勉強に身が入らなくなるそうで、どうやら先週あたりから「クリスマスモード」に入ったようです。それならばと、思い切ってその日の午前をクリスマス・デコレーションの日にしたのでした。

ツリーに飾り付けをする子、色紙で思い思いのオーナメントを作る子、ただツリーの周りをぐるぐる走り回る子……。どの子も貧しい家の子どもたちですが、みんなしあわせそうです。そしてそれはマリー先生も同じでした。クリスマスのワクワク感は大人も子どもも変わりないのです。

しかもこの日の朝、マリー先生にはうれしいニュースがありました。子どもたちにはまだ内緒《ないしょ》でしたが、この学校のために特別な寄付をしてくださる方がいて、はじめて子どもたちにクリスマスプレゼントを渡せることが決まったのです。

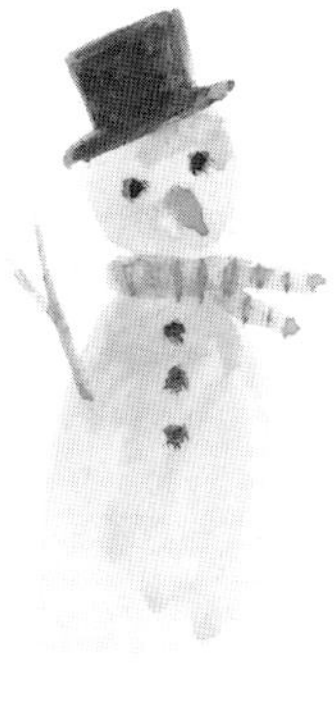

毎年、子どもたちには学校からクリスマス用の食料の贈《おく》り物がありました。しかしオモチャや人形など、子どもらしい贈り物を渡したことはありません。新品の自分だけのプレゼントをもらったら、どんなにか喜ぶことでしょう。そう考えただけで、マリー先生は胸がいっぱいになるのでした。

今朝のミーティングで先輩の先生方が、そのプレゼントを何にするか、アイディアがあったら次のミーティングに持ち寄りましょう、と言いました。そこでマリー先生は子どもたちに、「もしもサンタクロースからプレゼントをもらえるとしたら何がほしい？」と数人の子にさりげなく聞いてみることにしました。

これまで聞かれたことのないワクワクする質問に、子どもたちは戸惑いながらも「プラモデル！」「ぬいぐるみ！」「大きなケーキ！」などと楽しげに答えてくれました。

マリー先生は、さっきから自分のとなりで静かに色紙を折っているピアにも聞いてみました。十二歳のピアにはスカベンジャーの両親と兄弟が二人います。ピアは

読み書きがまだ十分ではないので、時々年下の子どもたちに交じって教室に顔を出していました。

「ピア、あなたはどう？　サンタクロースからプレゼントをもらえたら、何がいいの？」

恥《は》ずかしがり屋のピアは何か考えているようでしたが、なかなか答えようとはしません。口を開きかけては、やっぱり言えない、という様子です。

「サンタクロースにお願いしたい物、何もないの？」

そう言ってから、マリー先生はもしかしたら、と思いました。ピアがためらっているのは、自分のためのプレゼントではなく「お父さんに仕事を」とか「兄弟に新しい運動靴を」とか、そんなことを言いたいのかも。それを口に出すのがきっと恥ずかしいんだわ。

話題を変えようとした時、ピアはモジモジと目をそらしたまま、やっと口を開き、小さな声でこう言ったのです。

「先生、あの……。サンタ……クロースって何ですか?」

他の子どもたちのはしゃぐ声にかき消されそうでしたが、マリー先生にははっきりと聞こえました。

十二歳の少女がサンタクロースを知らない……。それは、その子の家がどんなに貧しいのかを物語っています。マリー先生は新米でも、ここで涙を見せてはいけないことをちゃんとわかっていました。涙目に気づかれないよう、色紙に目を落としたまま、「サンタクロースっていうのはねぇ」と説明をはじめました。するとピアの顔はみるみる明るい表情になり、こう言ったのでした。

「テディベアです。先生、私はテディベアをサンタ……クロースさんにお願いしたいです!」

うつむいて聞いていたマリー先生の指先が、朱色の色紙にほんのり染まって、かすかに震えているのがわかりました。

その年のクリスマスも子どもたちには食料の贈り物がありました。その他にサンタクロースから男の子にはおもちゃのトラックやプラモデル、そして女の子にはテディベアが贈られたのでした。

あのクリスマスから三年、十五歳になったピアの枕元には古びたテディベアが今も置かれているそうです。

あなたがはじめてサンタクロースからもらったプレゼントは何でしたか？

そのプレゼントは今、どこにありますか？

優しいうそ

「どうして学校に行かなくなったの？」

単刀直入《たんとうちょくにゅう》に聞くと、アビーは「勉強が嫌いになったから」と素っ気《そっけ》なく答えました。土曜日の午後、教室は空っぽで外で遊ぶ子どもたちの歓声《かんせい》が時おり聞こえてくるだけでした。

「アビー、なぜ嫌いになったのか、理由が知りたいの」

重ねてたずねると、「理由は別にない、はじめから勉強はそんなに好きじゃなかった」と不機嫌に言い放ち、窓の外に視線を向けたのでした。かべの扇風機《せんぷうき》がカタカタと大きな音を立てて、アビーの長い髪《かみ》をなびかせていました。

アビーにはじめて会った時、彼女は十歳になっていましたが、五、六歳にしか見えないくらい細く小さな女の子でした。「日曜日も学校に行きたい！」と言うほど学校が大好きだったアビー。フィリピンでは台風の影響《えいきょう》で休校になる日もけっこうあるのですが、そんな日以外はもちろん皆勤賞《かいきんしょう》でした。

アビーは元気に小学校に通い、やがて高校生になりました（フィリピンでは、小学校六年間の後はハイスクール（高校）になります）。ちょうどパヤタスを訪《おとず》れていた私に、アビーが高校の制服姿を見せに来てくれたことがあります。きゃしゃな体はそのままで、大きな瞳《ひとみ》と少しくせ毛の長い髪が真新しい制服によく似合っていて、とてもまぶしかったのを覚えています。アビーは「うちの家族から高校生が出たのは私がはじめてです」と、はにかんだ笑顔で話してくれました。

そんなアビーが学校を休みがちになったと聞いたのは、彼女が高校生になって一年も経《た》たない頃でした。小さなコミュニティーでは、良くも悪くもすぐにニュースが広がります。学校が大好きなアビーのことですから、それが本当ならばよっぽどの理由があるに違いありません。教室が空いたその日の午後、アビーと母親を呼んで事情を聞いていたのでした。

勉強ははじめから好きじゃなかった、と言ったアビーは、こちらの視線を無視してさっきから窓の外を見つめています。「せっかくチャンスを与えてもらったのに、すみません」と母親はオロオロするばかり。そして「この子は強情で、こうと決めたら何を言っても聞き入れてくれません。もうあきらめました」と泣きはじめました。それでもアビーはまったく動じる様子もなく、外を見つめたままでした。

ふとその視線が動いたのは、外で遊んでいたアビーの弟がドアをたたいてニッと顔をのぞかせたからでした。母親はさっと涙をぬぐって彼を外に連れ出しました。ドアが閉まると、私はアビーに早口でたずねました。

「学校に行きたくないなら行かなくてもいいのよ。ただ、本当のことが知りたいの。お母さんには言わないから」

しばらくの沈黙の後、アビーは目を閉じ、小さくため息をついてから口を開きました。

「本当に、お母さんには言わないでください。勉強が嫌いになったというのは、うそです。お腹が空いて、学校まで二十分くらい歩くのもつらいんです。授業中もお腹が鳴って恥《は》ずかしいし……。でもそんなこと言うとお母さんがかわいそうだし、絶対に言わないでください。勉強がイヤになったと言いたいんです。私は働いて、弟たちを学校にやりますから！」

最後の方は私の目を見てきっぱりと言いました。

「あなたが勉強を続けるためにどうすればいいのか、これから一緒に考えていきましょう」

私はそう言いましたが、その言葉はなんの役にも立たないだろうとわかっていました。アビーは自分の人生を引き受け、すでに歩きはじめているように感じたのです。遠ざかっていくきゃしゃな後ろ姿を、私は立ちつくし、ただ見つめているだけでした。

アビーが高校を辞めて二年になります。彼女は一日一〇〇ペソ（約二六〇円）のベビーシッターのアルバイトをして、八十ペソを家に入れているそうです。残りの二十ペソはいつか復学した時のために貯金している、とはにかんだ笑顔で話してくれました。いつか真新しい制服姿を見せに来てくれたあの時と同じ、はにかんだかわいい笑顔でした。

あなたは優しいうそをついたことがありますか？
そのうそをまだつき通しているのでしょうか？

最期《さいご》に食べたいもの

その施設のシスターたちは、路上《ろじょう》で行き倒れになった人やひとり暮らしの寝たきりのお年寄り、病気の人を保護《ほご》しては面倒《めんどう》をみています。シスター・ドロテアは、そこで二十年以上も奉仕《ほうし》をしている修道女《しゅうどうじょ》です。

ある年、施設を訪問した青年たちの一団から、シスター・ドロテアは質問をされました。

「シスター、この施設に長くいらして、何か忘れられないエピソードがあれば教えてください」

シスター・ドロテアは少し考えてから、こんなお話をしてくださいました。

ある時、路上で行き倒れになっていたおじいさんを保護し、この施設に運んできました。生涯《しょうがい》のほとんどを路上で暮らしていた方でした。

ここに運ばれて来るすべての人は、まずドクターの診察を受けることになっています。そのおじいさんは診察の結果、末期の肺がんであることが判明し、あと半年ほどの命だということがわかりました。そのことはおじいさんにも伝えられ、私たちはおじいさんを他の方々と同じように手厚く介護《かいご》しました。

おじいさんはいつもおだやかな笑顔で、出された食事をきれいに食べ、私たちのすることに常に感謝の気持ちを表してくれました。しかし、やがて体力がおとろえ、ベットから起き上がることも難しくなりました。最期の時が近づいてきたのです。もうすぐ、口からものを食べられなくなるかも知れません。私はおじいさんの耳元でささやきました。

「何か食べたいものはありませんか？　どうぞ、何でもおっしゃってください」

おじいさんは小さく微笑《ほほえ》んで、首を振りました。

「どうぞ遠慮《えんりょ》しないで、何でもいいんですよ」と重ねてたずねると、しばらく間をおいて、「じゃあ……」と申し訳なさそうにこうおしゃったのです。

「残飯《ざんぱん》を……、残り物をお願いします……」

人が、人生の最期に食べたいと思うものは、素朴《そぼく》な家庭の味であったり、日常食べ慣れているもののはずです。おじいさんは、いつも路上で食べていたのかも知れない「残飯」を食べたいと言ったのでした。でも、本当にそれがほしかったのでしょうか。もしかしたら、私たちシスターの好意《こうい》にこたえようと、しかしなる

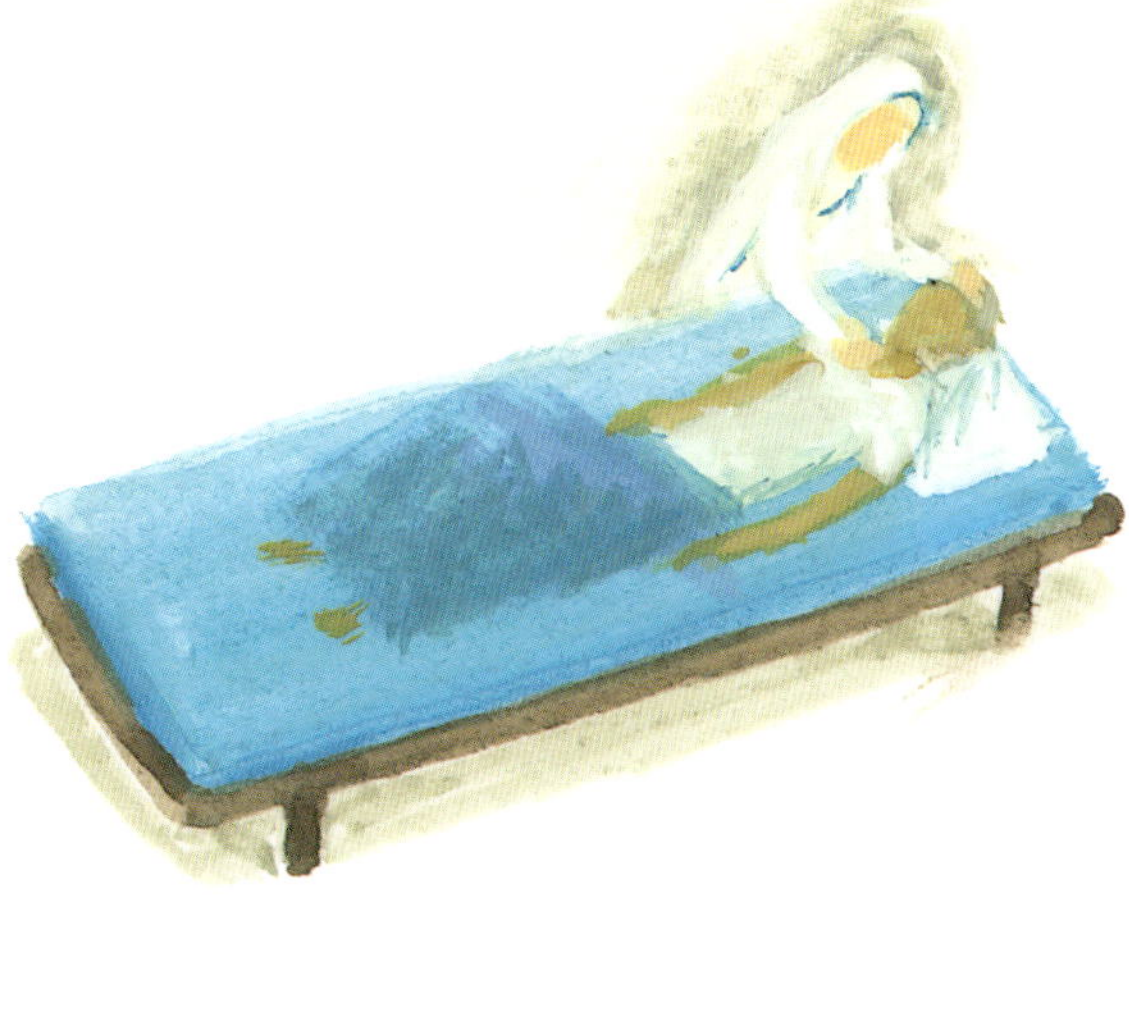

べく手をわずらわせないために、残り物と言ったのかも知れません。それは誰にもわかりません。

私たちはあり合わせのもので温かいスープを作りました。そして、おじいさんの体を抱き起こし、「さぁ、おいしい残り物ですよ」と冗談を言いながらスプーンで口に運びました。おじいさんは、ひと口飲むごとにため息をもらし、「あぁ、おいしい……」と微笑んだのでした。

それがおじいさんの最期の食事になりました。数日後、おじいさんはやすらかな顔で天国に旅立っていきました。

「私のお話しはこれでおしまいです」

シスター・ドロテアはそうおっしゃった後、すすり泣く青年たちに静かに、しかしきっぱりと言いました。

「あなたの大切な物は何ですか？　お気に入りの洋服？　ブランド品のバッグ？

お金？　それとも今、手に持っているそのスマートフォンですか？　いのちを終えた時、私たちはなに一つそのような物を持っては行けません。持って行けるのは、あなたがこの世でおこなった行為、すなわちあなたの心だけです。その心を、私たちはいのちを終える最期の日まで、美しく磨《みが》いていかなくてはなりません」

路上でほとんど一生を終えたおじいさんは、その最期の日々を、穏《おだ》やかな笑顔と感謝の心でシスターたちをなごませてくれました。おじいさんの心はピカピカに磨かれていたのでした。

人生の最期に食べたいものは何ですか？

その時、あなたの心はどれくらい磨かれているのでしょうか？

手のひらのお星さま

外から戻ったレクセルは、小さな赤い木箱をテーブルの上にそっと置きました。それから丁寧《ていねい》に手を洗い、木箱の右側のハンドルを親指と人差し指でつまみ、一回、二回ゆっくりと回します。三回目を回したところで、澄《す》んだ美しい音色《ねいろ》が鳴りひびいてきました。窓の方に顔を向けていたおばあさんの横顔が、ピクンと動いて次第に柔《やわ》らかくなっていくのでした。

その美しいメロディーがなんという曲名なのかレクセルは知りませんでした。親友のジョシュアに聞いても、周りの大人たちに聞いても誰も知りません。美しくもどことなく哀《かな》しいメロディーなのに、心の中が温かさで満たされていくような不思議な旋律《せんりつ》でした。しかし、今日は少しも温かさを感じません。もの哀しさだけがレクセルの胸に強く迫ってくるのです。

その日の夕方、ごみ山から家に帰る途中でいつもの売店に立ち寄った時のことでした。ごみ山で拾った物をジャンクショップに売り、そのお金で夕飯のお米を買うのがレクセルの日課《にっか》でした。ちょうどその時、店に来ていたジョシュアのママに売店のおばさんがきつく言っているのを耳にしたのです。

「来月、出て行ってもらう時までに、ここのツケ（借金《しゃっきん》）も全部払《はら》ってもらうよ」

売店のおばさんはジョシュアの家の大家《おおや》さんでもあったのです。

（ジョシュアが引っ越しする……!?）

ビニールに入ったわずかなお米をつかんで、レクセルは足早に家に向かいました。おばあさんと二人だけの粗末《そまつ》な夕食を終えると、レクセルは歩いて五分ほどのジョシュアの家に急ぎました。夕食の後、おばあさんは決まって「アレを鳴らしておくれ」とせがむのですが、今日はせがまれる前に家を出たのです。

ジョシュアの家では小さな妹二人が、お腹が空いているのか喧嘩《けんか》したのか、競うように泣きじゃくっていました。拾い集めてきたごみの仕分けをしていたジョシュアは、レクセルに気づきましたが手は止めません。レクセルが意を決して「引っ越しするの？」と聞くと、その時だけ顔を上げてレクセルをにらみました。しかし何も言わず家に入っていくと、小さな包みを持ってきて「大事に扱《あつか》えよ」とぶっきらぼうに、レクセルの胸元に押し付けました。

レクセルは左の手のひらにその包みを乗せて、右手をかぶせて大事に支えながら家に向かいました。それはジョシュアの物だけど、レクセルにとっても大切な物になっていました。

それを見つけたのは二人同時でした。トラックから雪崩《なだれ》落ちるごみの中から四角い赤い物が二人の前に転がって来たのです。先に手を伸ばしたのはジョシュアでした。

「宝石箱だ！」

大勢のスカベンジャーたちに背を向けるようにして、赤い木箱を開けると中は空っぽ。ジョシュアは小さく舌打ちして、かたわらのレクセルにポンと投げて寄越《よこ》しました。レクセルが不思議そうに上下、左右を確認した後、右側のハンドルをグルグル回してみると、えもいえぬ美しい音が鳴り出したのです。手回しのオルゴールでした。二人が顔を見合わせたとたん、ジョシュアがそれを取り上げズボンのポケットにしまいました。

幼馴染《おさななじみ》みで一つ年上のジョシュアには逆らえませんでした。幼い頃からおとなしく、友だちが少なかったレクセルをはじめてごみ山に連れて行き、お金になるごみの拾い方を教えてくれたのはジョシュアでした。今は行かなくなりましたが、ごみ山のふもとに学校ができた時、一緒に行かないかと誘ってくれたのもジョシュアでした。二人はそこで読み書きを覚えたのです。

ジョシュアに頼みこんで、一晩オルゴールを貸してもらったことがありました。おばあさんに聴《き》かせてあげたかったからです。あの晩、何度そのメロディーを聴いたことでしょう。数年前から両目が白くにごり、視力を失ってきたおばあさんは、もう一回、もう一回だけ、と何度もせがんだものです。おばあさんが寝てからは自分のために、小さなハンドルを繰り返し回したのでした。

あの時から、夕飯の後にそれを聴くことがおばあさんとレクセルの楽しみになっていました。五回に一回くらいジョシュアは「今日はダメだ」、と不機嫌《ふきげん》に言うことがあるけれど、たいていはぶっきらぼうに「大事に扱えよ」と決まり文句を言って貸《か》してくれたし、オルゴールのお泊《と》まりも許してくれました。だから、レクセルはそれを鳴らす時はちゃんと手を洗い、おばあさんには触れさせもせず、言われたとおり大事に扱っているのでした。

数日後、ごみ山から下りていつものように売店に立ち寄ると、おばさんがレクセルにいきなり言いました。

「あんたの友だちのジョシュア、あの家族、家賃も払わず、ここのツケも踏《ふ》み倒して逃げたんだよ。どこに行ったたか、知ってるんだろ？」

レクセルは声が出せませんでした。米を受け取り、首を横に振るのがやっとでした。

今朝、オルゴールを返しに行った時はいつもどおり家にいたのに！「一緒にごみ山に行かない？」って誘った時も、「行かない」って素っ気なく断《ことわ》られたけど、それだっていつもと同じだったのに！

レクセルはすぐにジョシュアの家に行き、売店のおばさんの勘違いだったと確かめようとしました。けれど、おばあさんとの夕食を終えるまで家を出ませんでした。いつもの行動を変えてはいけないような気がしたのです。いつもの時間に行けば、無愛想《ぶあいそう》なジョシュアが家にいて、いつもどおりオルゴールを貸してくれるに違いない……。きっとそうだ！ だから、レクセルはいつもの時間、夕飯が終わってからジョシュアの家に向かいました。

しかしジョシュアはいませんでした。家はもぬけの殻《から》でした。家の前で、売店のおばさんが近所のおばさんたちと立ち話をしていました。レクセルはきびすを返して今来た道を戻りました。

ジョシュアが行ってしまった。本当に行ってしまった……。

レクセルは両腕で自分の体をきつく抱きしめながら歩きました。

ジョシュアがいない……。

オルゴールもなくなった……。

細い頬《ほほ》を涙がひとすじ流れ落ちました。

レクセルが二歳の時、何日も振り続いた雨の影響でパヤタスのごみ山が崩落《ほうらく》し、何百人ものスカベンジャーたちが命を落とすという大惨事《だいさんじ》がおこりました。その中にレクセルの両親もいたのです。それ以来、レクセルとおばあさんは二人きりでした。

レクセルは天を見上げました。美しい星空でした。降るような満天の星がきらめいています。

「神さま、ぼくは何も持っていません」

レクセルは天に向かってつぶやきました。

（親友だと思っていたジョシュアは何も言わずに行ってしまった。オルゴールもなくなった。目の見えないおばあさんは、そう長くはないだろう……。そしたらぼくは本当に独《ひと》りぼっちだ）

真っ暗な世界に、満天の星だけがキラキラと楽しそうに笑っているようでした。手を伸ばせば届くかも知れない……。

（神さま、お願いです。ぼくにそのきらめく星を一つだけください。あなたは、お空にいっぱい、いっぱい持っているでしょう。ぼくに一つだけ、たった一つだけでいいから、この手のひらに乗せて……）

いつもはオルゴールを乗せている左手を、強く握って涙を拭《ふ》きました。

もうオルゴールが聴けないことを何て言おう……。思いつくことができないまま家の近くまで来ました。おばあさんはいつものように窓に向かって座り、レクセルの帰りを待っているはずです。

ふと、何かのメロディーが聴こえてきました。美しく、澄んだ、聞き覚えのある音です。

（オルゴール？　どこから？）

レクセルは周りを見渡し、耳を澄ませました。

（窓だ、おばあさんのいる窓から聴こえる）

近づいて、窓越しに聞いたレクセルの声は震《ふる》えていました。

「おばあさん。それ、どうしたの？」

おばあさんは白く濁《にご》った目を見開いて言いました。

「ジョシュアが置いて行ったよ。もう夜だね？　夜まではお前に言うなって、約束したからね。鳴らし方も教えてくれたよ」

「ジョシュア、どこに行くって？　ぼくに、ぼくに、何か言ってなかった？」

「おまえにこれを預《あず》かっておいてくれって。必ず取りに来るからって。それから、『大事に扱えよ』って」

おばあさんは不器用《ぶきよう》にゆっくりとハンドルを回しています。いつもレクセルが回すスピードよりも遅めのメロディーは、ゆらゆらと漂《ただよ》いながら星空に吸い込まれていきます。

「おばあさん、今日はお星さまがとってもきれいなんだ。見せてあげたいくらいだよ」

おばあさんはまっすぐ前を向いたまま微笑《ほほえ》みました。

「見えるさ、とってもよく見える」

オルゴールの調べに合わせて、満天の星がキラキラとリズムをとって踊っているようでした。

レクセルはそっと、左手を開いてみました。

黒ずんだ手のひらに涙が一つポトリと落ちて、星のようにキラリと光りました。

大切な人が遠くにいってしまったことがありますか？
その人はあなたに哀しみだけを置いていったのでしょうか？

エピローグ　その日特別きれいな花

　アレックスは家族や近所の人々の愛情に包まれ、素直で優しい少年に成長していきました。愛嬌《あいきょう》のある笑顔と穏やかな性格の彼は、周りに愛され大事にされました。医者は十歳までは生きられないだろう、と言っていましたが十歳の誕生日も元気に迎えることができました。

　一年に一回の遠足をアレックスはとても楽しみにしていました。車イスなので、動物園や遊園地に行っても他の子どもたちのように走り回ったり、乗り物に乗ったりすることはできません。それでも、誰かが楽しんでいる様子を見るのが大好きでした。歓声《かんせい》をあげる子どもたちを見ては手をたたいて喜んだり、すれ違《ちが》う子に笑顔を向けて手を振ったりと、自分自身も楽しんでいました。

　そんなアレックスの強さと優しさに、ごみ山を訪れる多くの日本の青年たちは学校では学べない、「生きる姿勢《しせい》」というものを学んでいったのかもしれません。
ある日本の少年は不登校でした。いじめにあったことが原因で、「学校なんか行きたくない、早く死にたい」と願っていました。しかし、アレックスやごみ山の多くの子どもたちの夢が自分とは真逆《まぎゃく》だったことに衝撃《しょうげき》を受けました。彼らの夢は「学校で学ぶこと」だったり「大きくなるまで生きること」だったから……。少年は、日本に帰国後「強く生きて人の役にたちたい」と願い、人生の目標を見つけて学校に通うようになりました。物質的には豊かな国に生きる日本の青年たちが、ごみ山で懸命《けんめい》に生きる子どもたちとの交流をきっかけに、自分自身の人生と向き合いはじめたのでした。

アレックスは少年から青年になろうとしていました。そしてその成長の過程で、体調の優《すぐ》れない日も多くなりました。そんな時も、アレックスは周りを笑わせようとしたり、自分のことよりも家族や周りを気づかったりしていたのです。

「大人になったら、親孝行《おやこうこう》がしたい」と口にするようになったのもその頃でした。

しかし、そのささやかな願いは叶いませんでした。

「もう、神さまのところに行くよ。ぼくが起きなくなっても泣いたらダメだよ。ぼくを思い出す時は笑って思い出して……」

最期《さいご》の頃は、家族にそんなことを言っていたそうです。

十八歳が過ぎた頃、アレックスは静かに天国に旅立ちました。家族は泣きましたが、家族や友だち思いの優しい子だった、と誇《ほこ》らしげでした。

アレックスの訃報《ふほう》を伝えたある方から、しばらくしてこんなことばが送られてきました。

〈神さまは、毎朝広いお庭を散歩なさいます。そしてそこに咲き乱れるたくさんのお花をご覧《らん》になります。その中から、その日特別きれいに咲いているお花を選んで、ご自分の部屋に飾ります。だから悲しむことはないのです。神さまに選ばれ、愛され、そのお側にいるのですから。〉

このことばはある神父さまがおっしゃったもので、私自身が深くなぐさめられたことばです。アレックスは間違いなく特別きれいなお花でした。今頃は神さまのお側で、光に包まれて、安らかに過ごしていることでしょう。カトリック信者でもない私が言うのもおかしなものですが……。

アレックスは自分に与えられた「いのち」を精一杯《せいいっぱい》生きました。今は目に見えない世界に旅立ちましたが、あの愛嬌のあるひまわりのような笑顔は、人々の心に咲き続ける特別きれいな花となったのです。

今も聞こえてくるあの〈声〉は、時折りアレックスや子どもたちの声音《こわね》となってささやいてきます。

風となり、月となり、陽の光となり、星となって、優しくささやきかけてくるのです。

あなたは生きていますか？

本当の意味で、生きていますか……？

あとがき

私はなんで生まれてきたのだろう……。生きる目的って何……。そもそも、自分の人生に何か意味などあるのだろうか……。

ある時期、そんな疑問にがんじがらめになったことがあります。誰にも訪れる若さゆえの青臭い通過点、と言ってしまえばそれまでですが、自分なりに納得のいく答えを見出せないまま大人になった私は、年を重ねても欠けたままのパズルのあと一枚をさがし求めているような頼りない状態でした。

パヤタスのごみ山をはじめて訪れたあの日も、敷かれたレールの上をただ歩いているだけでした。自分が選んだ道ではなく、しぶしぶ歩いていたレールの上。そんな中で、これまでの人生の流れを大きく変えられる出来事に遭遇《そうぐう》するとは想像もしていませんでした。魂《たましい》をわしづかみにされ、もうそこから逃れられなくなる……。そんな体験でした。その時の様子は、本書の「プロローグ　心の声」に書いてある通りです。

人生の転機となったこの活動を続けてこられたのには、影響を受けた二人の人物がいます。〈和子さん〉は、振り返ってみれば、私にこの道を進むよう導いてくれた張本人であったかも知れません。必然であったとさえ思えるさまざまな出会いを演出し、折々に的確なアドバイスと叱咤激励《しったげきれい》で〈自分らしく生きる道を行けばいいのだ〉と、背中を押し見守っていてくださいました。国内外に援助を惜しみませんでしたが、裏に徹するから、と名前を公表することも好まない方でした。

頭だけが異様に大きくなっていた幼いアレックスの映像を観た時、彼女は「かわいい」と表現しました。横になったまま上手にスパゲティを食べる姿がかわいかった……。いつか学校で読み書きを学びたいんだ、とつぶらな瞳で言ったアレックスが健気《けなげ》でかわいかった……。不憫《ふびん》だと思うより先に、アレックスのそのまま、まるごとを《かわいい》と言ったのでした。「いのち」に対する深い慈《いつく》しみを感じ、心打たれました。

もう一人、現地で活動する瓜生敏彦《うりゅうとしひこ》さんの生き方は私の後半の人生に大きな示唆《しさ》を与えてくれました。瓜生さんはフィリピンのごみ山で二本のドキュメンタリー映画を撮った映像カメラマンです。本書の舞台にもなっているパヤタスに学校を建てたのが瓜生さんです。

ごみ山での撮影を終えると、彼は子どもたちにお礼がしたいと思い、何かほしいものはないですか、とたずねました。すると、子どもたちは口々に言ったそうです。

「学校がほしい、勉強がしたい！」と。

瓜生さんは撮影の仕事で得た収入をもとに、ただちに行動を起こしました。そして二〇〇一年にパヤタス、二〇〇二年にスモーキーマウンテンに「パガラップ（日本語で夢）」と名付けた学校を建てたのです。多くの子どもたちが夢だった学校に通い、読み書きを学ぶことができました。

瓜生さんは撮影終了後もそのままフィリピンにとどまり、二つの学校を維持していくための事業を興《おこ》し、今も収入の大部分を子どもたちの教育や生活向上、演劇など芸術面での才能の開花に尽くそうと心血《しんけつ》を注いでいます。そして、フィリピンの子どもたちを題材にした新しいドキュメンタリー映画を撮り、公開に向けて準備しています。

群れず媚《こ》びず、多くを語らない寡黙《かもく》な方ですが、社会に取り残された者、虐《しいた》げられた者に対し

瓜生敏彦さん（右）はアレックスが赤ちゃんの頃から支え続けてきた。

瓜生さんが運営するパヤタスの学校「パガラップ」の前で〈午前のクラス〉子どもたちと。

可能性の枠を広げるため、自らのライフストーリーを描いた演劇にもチャレンジしている。

ては一貫《いっかん》して同じ立ち位置にあろうとする彼の姿勢から、人として生きていく軸はなんなのかと、雄弁《ゆうべん》に問われている気がしています。映画の撮影で知り合ったアレックスを、その最期《さいご》の時まで支え、寄り添っていたのも瓜生さんでした。

フィリピンには〈大気浄化法〉という法律があり、ごみを燃やすことは禁じられています。アジア最大のスラムと言われたごみ山「スモーキーマウンテン」は一九九五年に、当時のラモス大統領によって閉鎖されました。その際、多くのスカベンジャーたちが、メトロマニラの郊外ケソン市にあるパヤタスのごみ山周辺に移り住んだと言われています。それが、第二のスモーキーマウンテンと呼ばれるパヤタスのごみ山です。

現在のごみ山は許可を受けた者以外は入れない。
1日の収入は100ペソ前後と言われている。

あたり前のように親を手伝う子どもたちの姿は
あちこちに見られる。

貧しくとも子どもたちは、はちきれんばかりの
生命力にあふれている。

二〇〇〇年七月に、そのパヤタスのごみ山で大規模な崩落事故が起き、三〇〇人とも一〇〇〇人ともいわれる犠牲者が出ました。この大惨事《だいさんじ》以降、フィリピン政府はしばらくごみ山を閉鎖し、その後再開した時には十五歳未満の子どもがごみ山に入ることを禁じました。しかし、ごみ山はすぐそこにあり、子どもたちは警備の目をかいくぐってもぐり込んだり、周辺に取りこぼされたごみを求めてさまよいます。誰に強制されることなく、家族のため、生きるために今日もごみを求めて歩くのです。

なぜ、このような子どもたちが生まれてくるのか……。〈貧困が生まれるシステム〉というものがあるのだとすれば、豊かな国に暮らす私たち日本人にはいっさい関係がないのか……。日本という国に生まれたからこそできること、やらなければならないことがあるはずです。

このような問題はもうその国だけが考えることではありません。私たち一人ひとりがこの地球に生きる〈地球の市民〉として向き合わなければならない問題です。今すぐこの世界を変えることはできません。しかし、少しだけ自分を変えることはできます。

どのような心で、どう生きていきたいのか、まずそこを考えることからはじまるような気がします。今いるこの場所で、自分の「いのち」をどう使い、どう生きていくか……。この「いのち」を一生懸命生きていこうと決心すること。その姿勢こそが、世界を変えていく確かな一歩だと思っています。

ＳＹＤの山﨑一紀が新規プロジェクトの一環としてフィリピン・ごみ山での活動を発案しました。その後、青木富造が調査としてはじめて現地に足を運んでから、ごみ山の子どもたちとの交流がはじまりました。この発案とアクションがなければ、私がごみ山の子どもたちと関わることもありませんでした。

この本を世に送り出すために多くの方々の支えがありました。愛のこもった温かいイラストをすべて描きおろしてくださった葉祥明さん、豊かな感性と優しさでたくさんの気づきを与えてくれた真平、道、初奈、中島くん、恵さん。ＳＹＤの岩佐をはじめ役員・スタッフは常に協力・サポートを惜しみませんでした。編集を担当して下さった寺田真理子さんは、根気強く最後まで励ましてくださいました。

そして、ごみ山の子どもたちを支えてくださっているたくさんの方々と、この物語のベースとなった宝石のように輝く瞳を持つあの子どもたちに、心からの感謝とお礼を伝えたいと思います。

二〇一五年十二月　山口千恵子

「ＳＹＤと幸せの種まき運動」

SYD（公益財団法人修養団）は、1906年（明治39年）、東京府師範学校（現：東京学芸大学）に学ぶ蓮沼門三を中心とする学生たちによって設立された社会教育団体です。

SYDは「愛と汗の実践」による「総親和・総努力・総幸福」の明るい世界の実現を目指し、創立以来110年青少年の健全育成を中心とした各種社会教育活動を行ってきました。

現在は「みんなでまこう！幸せの種！」を合言葉とした『幸せの種まき運動』を全国的に展開しています。

『幸せの種まき運動』は、この地球上に一輪でも多くの“幸せの花”が咲くことを願って「こんにちは！」という“ふれあいの種”、「どうぞ！」という“思いやりの種”、「ありがとう！」という“よろこびの種”の3つの“幸せの種”を家庭に、学校・職場に、地域に、そして社会に一粒でも多くまいていこうという運動です。

SYDではこの運動の一環として『幸せの種まき献金活動』を実施しており、その一部を使用して、フィリピンの貧困の中で生きるストリートチルドレンやごみ山でごみを拾って生活する子どもたちに対する「学資支援プログラム」や日本の青年たちがフィリピンを訪れ交流や支援を行う「青年ボランティア・アクションinフィリピン」などの活動を行っています。

毎年夏に実施している「青年ボランティア・アクションinフィリピン」は2015年で15回を数え、これまでに400名弱の青年たちが参加しました。

この事業に参加した青年たちは、ごみ山の劣悪な環境、ストリートでの過酷な状況にありながらも、希望を失わず、明るく、力強く生きている子どもたちとの交流を通して、本当の豊かさや幸せとは何かといったことを考え、今の自分の生き方や考え方を見直すなど多くのことを学んできました。

この他にもSYDでは青少年の健全な心を育むためのさまざまな事業を行っています。

［ SYDの主な事業 ］

＊心豊かな子どもに育てます
- 子ども自然体験キャンプ（夏期／冬期）
- ４０㎞ナイトウォークの集い
- 子ども週末WAKU×２ひろば
- 家庭力アップ・セミナー

＊ボランティア体験の場を提供します
- 青年ボランティア・アクションinフィリピン
- 東日本大震災仮設住宅訪問青少年ふれあいボランティア
- 全国青年ボランティア・アクションin福島
- 全国青年ボランティア・フェスティバル
- 幸せの種まきキャンペーン《出前講座・課外授業》
- SYDボランティア奨励賞

＊人生を充実させよう
- みがく講習会
- みがく特別講習会
- リフレッシュ・セミナー
- 新入社員セミナー
- 受託セミナー
- 講師派遣
- ブラジルとの指導者交流

＊募金活動・支援活動
- チャリティーの演芸会／ジャズコンサート／バザー／ツアー
- 幸せの種まき献金

SYD（公益財団法人**修養団**）
理事長 **御手洗 康**

〒151-0051 東京都渋谷区千駄ヶ谷 4-25-2
☎03-3405-5441 FAX：03-3405-5424
E-mail：info@syd.or.jp
SYD 検索

山口 千恵子（やまぐち　ちえこ）

沖縄県出身。SYD青年部勤務。2003年よりフィリピン、ごみ山の子どもたちとの交流・支援活動を始める。2005年からは「幸せの種まきキャンペーン・出前講座」の講師として、年平均80校の小・中・高校に招かれ、ごみ山を中心とした貧困の中に生きる子どもたちの現状を伝えている。恵まれた環境の中に生きる日本の子どもたちに、本当の豊かさについて考える機会と「心の教育」を育むために東奔西走している。「love is action」が信条。
メールアドレス：chieko_pangarap@yahoo.co.jp

葉　祥明（よう　しょうめい）

熊本県出身。絵本作家・画家・詩人。創作絵本『ぼくのべんちにしろいとり』でデビュー。1990年創作絵本『かぜとひょう』でボローニャ国際児童図書展グラフィック賞受賞。1991年北鎌倉に葉祥明美術館、2002年葉祥明阿蘇高原絵本美術館を開館。主な著作に『地雷ではなく花をください』（自由国民社）、『おなかの赤ちゃんとお話ししようよ』（サンマーク出版）、『ありがとう　愛を！』（中央法規）など多数。
公式サイト：http://www.yohshomei.com

この本による収益の一部はSYD（公益財団法人修養団）の「幸せの種まき献金」を通じて、世界のストリートチルドレンをはじめとする貧困の中で暮らす子どもたちのために使われます。「幸せの種まき献金」へのご寄附は以下へお願いいいたします。

・**郵便振替** 00140-6-670944（加入者名：幸せの種まき献金）
・**ゆうちょ銀行** 〇一九（ゼロイチキュウ）店 当座0670944
（加入者名：幸せの種まき献金）

●お問い合わせ先
SYD「幸せの種まき献金」委員会
〒151-0051　東京都渋谷区千駄ヶ谷4-25-2
電話03-3405-5441　FAX03-3405-5424
URL　http://www.syd.or.jp/　　E-mail　info@syd.or.jp

パヤタスに降る星
ごみ山の子どもたちから届いたいのちの贈り物

2016年2月14日　初版発行
2019年12月1日　初版第2刷発行
文…山口千恵子
絵…葉祥明
発行者…荘村明彦
発行所…中央法規出版株式会社
〒110-0016　東京都台東区台東3-29-1　中央法規ビル
営　　業　TEL03-3834-5817　FAX03-3837-8037
書店窓口　TEL03-3834-5815　FAX03-3837-8035
編　　集　TEL03-3834-5812　FAX03-3837-8032
http://www.chuohoki.co.jp/

装幀・本文デザイン…水崎真奈美
印刷・製本…図書印刷株式会社

ISBN978-4-8058-5289-7
定価はカバーに表示してあります。